**W9-AIB-458**

## Espíritu de Equipo

# LOS METS DE NUEVA YORK

POR

MARK STEWART

Traducido al español por Manuel Kalmanovitz
con Eduardo Narváez

Consultor de contenido
James L. Gates, Jr.
Director de la Biblioteca
Museo Nacional del Béisbol y Salón de la Fama

NORWOOD HOUSE PRESS

CHICAGO, ILLINOIS

Norwood House Press
P.O. Box 316598
Chicago, Illinois 60631

Para más información sobre Norwood House Press, por favor visítenos en nuestro sitio de internet:
www.norwoodhousepress.com o llámenos al número 866-565-2900.

Todas las fotografías cortesía de AP Images—AP/Wide World Photos, Inc. con las siguientes excepciones:
Topps, Inc (7, 9 ambas, 14, 16, 26 ambas, 34 izquierda y derecha & 40 superior izquierda e izquierda);
Black Book archives (15, 20, 21 ambas, 22 ambas, 23 arriba, 34 arriba, 35 todas, 39 arriba & 43);
Sports Stars Publishing (37); colección del autor (40 abajo).
Agradecimiento especial a Topps, Inc.

Traductor: Manuel Kalmanovitz
Editor: Eduardo Narváez
Diseñador: Ron Jaffe
Coordinación del Proyectot: Black Book Partners, LLC.

Library of Congress Cataloging-in-Publication Data

Stewart, Mark, 1960-
  [New York Mets. Spanish]
  Los Mets de Nueva York / por Mark Stewart ; traducido al español por
Manuel Kalmanovitz con Eduardo Narváez; consultor de contenido, James L.
Gates, Jr.
      p. cm. -- (Espíritu de equipo)
  Summary: "Spanish edition of the popular Team Spirit series featuring the
history, accomplishments and key personalities of the New York Mets
baseball team. Includes timelines, quotes, maps, glossary and websites to
visit"--Provided by publisher.
  Includes bibliographical references and index.
  ISBN-13: 978-1-59953-103-8 (library edition : alk. paper)
  ISBN-10: 1-59953-103-8 (library edition : alk. paper)
  1. New York Mets (Baseball team)--History--Juvenile literature.  I. Gates, Jr.,
James L.  II. Title.
GV875.N45S7418 200/
796.357'64097471--dc22
                                    2006035750

Producido en los Estados Unidos.

**EN LA PORTADA:**  Los Mets celebran una emocionante victoria en la campaña de 2005.

# Contenido

TÉRMINOS DEPORTIVOS Y VOCABULARIO: En este libro encontrarás muchas palabras que no conoces. También encontrarás palabras conocidas usadas con nuevos significados. El glosario de la página 46 explica el significado de los términos de béisbol y los significados beisboleros de palabras comunes. Estas palabras aparecen en **negrita** en el libro. El glosario de la página 47 explica el significado de las palabras que no se relacionan con el béisbol. En el libro aparecen en ***cursiva negrita***.

# Conoce a los Mets

Desde que el béisbol existe hay algo cierto: necesitas buenos lanzadores y una buena defensa para ganar campeonatos. Nadie lo sabe mejor que los Mets de Nueva York. Cada vez que han ganado un **banderín**, sus lanzadores y defensas han sido la clave del éxito.

Los Mets también son famosos por tener a algunos de los personajes más *coloridos* del béisbol. Jugar en Nueva York debe tener algo especial, porque la personalidad de los jugadores sale a relucir. Eso explica que los aficionados quieran tanto al equipo y le guarden tanta lealtad. Los jugadores son como amigos de la escuela o del trabajo o del barrio. Y nunca se abandona a un amigo.

Este libro cuenta la historia de los Mets. A veces el equipo ha sido muy bueno y otras veces no tanto. Pero ganen o pierdan, los Mets siempre han dado un buen espectáculo.

El comportamiento amistoso y relajado de las jóvenes estrellas David Wright y José Reyes los ha convertido en favoritos de los aficionados.

# En ese entonces

**D**urante más de 80 años, Nueva York tuvo 2 equipos de la **Liga Nacional (N.L.)**: los Giants de Nueva York y los Dodgers de Brooklyn. Y su *rivalidad* era una de las más fuertes del deporte. En 1958 ambos equipos se mudaron a California. De repente, los fanáticos neoyorquinos de la Liga Nacional se quedaron sin equipos. En 1962 la liga incluyó dos nuevos equipos, los Colt .45s de Houston y el Club Metropolitano de Béisbol de Nueva York, mejor conocido como los Mets de Nueva York.

Al comienzo, los Mets jugaban al otro lado del río de los Yankees de Nueva York, que en esa época eran los campeones de la **Liga Americana (A.L.)**. Para atraer aficionados, los Mets contrataron jugadores que habían sido estrellas de los otros equipos de la ciudad. Entre ellos estaban Gil Hodges, Duke Snider, Charlie Neal, Roger Craig, Gene Woodling, Tom Sturdivant y Clem Labine. Su directivo era Casey Stengel, quien había sido parte de los Giants, Dodgers, y Yankees.

Gil Hodges y Duke Snider jugaron juntos en los Dodgers de Brooklyn en los 40s y 50s. Ambos se unieron a los Mets en 1962.

Casey Stengel observa una práctica de sus jugadores en esta tarjeta de 1964. El equipo sufrió más de 100 derrotas en esa campaña.

Otros Mets que resultaban familiares para los antiguos aficionados eran Richie Ashburn, Frank Thomas, Gus Bell, George Altman, Roy McMillan y Carlton Willey. Desafortunadamente, estos jugadores llegaron al equipo cuando ya habían dejado de ser estrellas. Los Mets de esa época cometían muchos errores y raramente ganaban.

A pesar de sus constantes derrotas, los Mets tenían millones de fanáticos que venían a verlos. El equipo hizo mucho dinero y lo invirtió en *desarrollar* talento joven que luego les ayudaría a ganar. Los Mets ganaron el banderín de su liga y la **Serie Mundial** en 1969. Su **cuerpo de lanzadores** era el mejor del deporte. Entre ellos se encontraban Tom Seaver, Jerry Koosman, Gary Gentry, Nolan Ryan y Tug McGraw. Sus mejores jugadores defensivos eran Jerry Grote, Bud Harrelson, Tommie Agee y Cleon Jones.

Los Mets contrataron más jugadores buenos en los años siguientes, incluyendo a Jon Matlack, John Milner, Rusty Staub, Felix Millan y Willie Mays. Ganaron el banderín de nuevo en 1973, pero perdieron la Serie Mundial.

A finales de los 70s, Seaver y las demás estrellas del equipo habían sido traspasados o se habían jubilado. Pasaron muchos años antes de que los Mets tuvieran un buen equipo. De nuevo, lo construyeron alrededor de un grupo de jóvenes lanzadores, encabezados por Dwight Gooden, Ron Darling, Sid Fernández, Jesse Orosco y Roger McDowell. En el equipo también había **veteranos** como Gary Carter, Keith Hernández y Ray Knight, y valiosos jugadores jóvenes como Darryl Strawberry, Lenny Dykstra y Mookie Wilson. En 1986, los Mets ganaron su tercer título de liga y su segunda Serie Mundial.

En el 2000, los Mets regresaron a la Serie Mundial. Los lideraban los lanzadores Mike Hampton, Al Leiter, John Franco y Armando Benítez, y contaban con una de las mejores defensas de la historia. Su **ofensiva** la encabezaban Mike Piazza y Edgardo Alfonzo. Ese otoño, los Mets se enfrentaron a los Yankees por el campeonato. Era la primera vez que dos equipos de Nueva York competían por la Serie Mundial desde 1956. Aunque los Mets perdieron, los aficionados de béisbol en todas partes recordaron las 'buenas épocas', cuando la ciudad era el centro del béisbol casi todos los otoños.

**DERECHA**: Dwight Gooden y Darryl Strawberry, jóvenes estrellas que marcaron el camino de los Mets en los 80s. **IZQUIERDA**: Tom Seaver, gracias a sus lanzamientos los Mets lograron dos banderines.

# El equipo de hoy

A los Mets les gusta contratar jugadores emocionantes cada año. No temen cambiar con el tiempo, aunque implique reconstruir por completo al equipo. Más de dos millones de aficionados van al estadio en cada campaña, con la esperanza de que sea el año del regreso a la Serie Mundial.

En el 2004 los Mets contrataron a Omar Minaya para que fuera el *gerente general*. Su labor era armar un equipo de campeonato. Minaya fue uno de los primeros latinos en gerenciar un equipo de las **ligas mayores**. Con su ayuda, los Mets lograron crear un ambiente donde jugadores de diferentes culturas se sentían bienvenidos. De repente, muchas de las mejores estrellas hispanohablantes querían jugar en Nueva York—incluyendo a Pedro Martínez, Carlos Beltrán y Carlos Delgado.

Estos **All-Stars** usaron su talento y experiencia para ayudar a los jugadores jóvenes, incluyendo a José Reyes y David Wright, que también llegaron a ser estrellas. Con buenos lanzadores y buena defensa, los Mets siempre tienen la Serie Mundial en su mira.

Carlos Delgado y Carlos Beltrán bromean cerca de la jaula de bateo.

# El hogar

En 1964, los Mets se mudaron al nuevo Shea Stadium. Se inauguró al mismo tiempo que la Feria Mundial de Nueva York, en el *distrito* de Queens. El estadio recibió el nombre de William Shea, un hombre que lideró el esfuerzo para que la Liga Nacional regresara a Nueva York tras la partida de Dodgers y Giants. Los asientos del Shea Stadium son un recordatorio de esos equipos: tienen el azul de los Dodgers y el naranja de los Giants.

Una de las primeras cosas que los aficionados notaron en el Shea Stadium es lo ruidoso que era algunos días. Es porque uno de los aeropuertos más activos del mundo está cerca y cuando el viento sopla en cierta dirección, da la sensación de que hay aviones despegando justo encima del estadio.

Los Mets planean inaugurar un nuevo estadio para su campaña de 2009. Será una mezcla de *arquitectura* clásica y tecnología moderna. Quedará al lado del Shea Stadium.

## EL ESTADIO EN NÚMEROS

- *Construir Shea Stadium costó $25.5 millones a comienzos de los 60s.*
- *La distancia entre el home y el mástil de foul en el jardín izquierdo es de 338 pies.*
- *La distancia entre el home y el mástil de foul en el jardín derecho es de 338 pies.*
- *La distancia entre el home y la pared del jardín central es de 410 pies.*

Los equipos se preparan para un partido de la Serie Mundial de 2002 en el Shea Stadium.

# Vestidos para ganar

Desde su primer día, los Mets han usado el azul de los Dodgers y el naranja de los Giants. Querían que los fanáticos de los viejos equipos de Nueva York encontraran colores familiares al llegar al estadio.

El *logo* del equipo tiene la silueta de la ciudad dentro de una pelota de béisbol. Fue diseñado por un caricaturista llamado Ray Gatto. Si lo miras con atención, puedes ver el edificio Empire State, el de las Naciones Unidas y el Williamsburg Savings Bank, el edificio más alto de Brooklyn.

El equipo ha usado diferentes tonos y combinaciones de naranja, azul y blanco durante su historia. Cuando juegan en casa, usan un uniforme con líneas casi idéntico al que usaban en 1962. Sigue siendo el favorito de los aficionados.

Charlie Smith, con el uniforme de 1964. Durante ese año los Mets usaron un parche especial en conmemoración de la Feria Mundial.

# ELEMENTOS BÁSICOS DEL UNIFORME

El uniforme de béisbol no ha cambiado mucho desde que los Mets comenzaron a jugar. Tiene cuatro componentes principales:

• una gorra o casco con visor para el sol;
• una camiseta con el número del jugador en la espalda;
• pantalones que terminan entre el tobillo y la rodilla;
• medias ajustadas.

La camiseta a veces tiene el nombre del jugador en la espalda. El nombre del equipo, su ciudad o logo aparecen por lo general al frente. Los equipos de béisbol usan uniformes claros cuando juegan de locales y oscuros de visitantes.

Los uniformes hechos de *franela*, muy bolsudos, fueron la norma durante más de 100 años. La tela permitía que el sudor se *evaporara* y le daba libertad de movimiento a los jugadores. Los uniformes del presente están hechos con telas *sintéticas* que se estiran con los jugadores y los mantienen secos y frescos.

Aaron Heilman lanza usando el uniforme 'clásico' del equipo de local.

# ¡Ganamos!

Cuando los Mets se disputan un campeonato, los aficionados del béisbol han aprendido a esperar lo inesperado. En 1969, por ejemplo, pocos en el béisbol esperaban que ganaran más de la mitad de sus partidos en esa temporada. ¿Cuáles eran sus posibilidades de

ganar la Serie Mundial? Bueno, los Mets jamás habían tenido un año ganador. Parecía imposible.

Pero alguien creía en los Mets: su dirigente, Gil Hodges. Había jugado en siete Series Mundiales y sabía exactamente lo que se necesitaba para llegar. Prometió a sus jugadores que si cometían menos errores que sus rivales, tendrían una oportunidad.

Los Mets estaban encabezados por los lanzadores Tom Seaver y Jerry Koosman. Eran muy jóvenes y muy buenos. Seaver ganó 25 partidos y Koosman 17. No tenían muchos bateadores buenos, pero aprovechaban bien sus turnos y tenían una buena defensa. Hodges era muy bueno para adivinar las fortalezas de sus jugadores en cada partido y daba a todos la oportunidad de jugar. Ese año, los Mets ganaron 100 partidos y fueron campeones de la **División del Este de la N.L.**

Tras derrotar a los potentes Braves de Atlanta en la **serie de campeonato de la Liga Nacional (NLCS)**, los Mets se enfrentaron a los Orioles de Baltimore en la Serie Mundial. Los Orioles parecían invencibles. Habían ganado 9 partidos más, anotado 147 carreras más y su promedio al bate era 23 puntos más alto que el de los Mets.

Los Mets perdieron su primer partido, pero en los cuatro siguientes lograron hacer la jugada justa en el momento indicado y derrotaron a los Orioles. La estrella al bate de la serie fue Donn Clendenon, un primera base de 35 años quien había estado a punto de retirarse a comienzos de la campaña. La

mejor jugada defensiva fue hecha por Ron Swoboda, quien no era conocido por su defensa. El equipo que había sido llamado en broma 'los sorprendentes Mets', sorprendió al mundo del béisbol al derrotar a los poderosos Orioles y lograr el campeonato.

**IZQUIERDA**: Gil Hodges   **ARRIBA**: John Lindsay, alcalde de Nueva York, se une a Tom Seaver en la celebración del campeonato de 1969.

Pasaron 17 años antes de que los Mets ganaran su segundo campeonato. De muchas maneras, este triunfo fue aun más sorprendente. A duras penas ganaron el banderín, derrotando a los Astros de Houston en un partido de 16 entradas en la NLCS. Luego los Mets perdieron los primeros dos partidos de la Serie Mundial contra los Red Sox de Boston—en el Shea Stadium. Ningún equipo había ganado el campeonato tras perder los primeros dos partidos en casa.

Ayudados por los lanzadores Bob Ojeda y Ron Darling, y con Lenny Dykstra y Gary Carter al bate, Nueva York se recuperó y

empató la serie a tres victorias. Casi caen en el sexto partido, pero se recuperaron de forma asombrosa y ganaron en la décima entrada. El equipo empezó perdiendo en el séptimo partido, pero terminó 8 a 5, con hits de Keith Hernández, Ray Knight y Darryl Strawberry. Por segunda vez en la historia del Shea Stadium, miles de aficionados entraron al campo para celebrar el título de los Mets.

**IZQUIERDA**: Lenny Dykstra recorre las bases tras conectar un jonrón al comienzo del tercer partido de la Serie Mundial de 1986.
**ARRIBA**: Ray Knight conecta el hit del triunfo en el séptimo partido de la Serie Mundial de 1986.

# Los confiables

**P**ara ser una verdadera estrella del béisbol, no basta batear bien y lanzar con fuerza. Debes ser confiable, alguien a quien el dirigente quiera poner en el montículo o en la caja de bateo cuando sea necesario. Los fanáticos de los Mets han tenido mucho que celebrar en todo este tiempo, incluyendo a estas grandes estrellas…

## LOS PIONEROS

### TOM SEAVER           Lanzador

• NACIÓ: 11/17/1944 • JUGÓ EN EL EQUIPO: ENTRE 1967 Y 1977, Y 1983

Tom Seaver fue la primera estrella verdadera del equipo. Lanzaba una recta que saltaba al acercarse al plato y otra que se iba hacia abajo. Los bateadores no sabían cómo abanicar, hasta que era demasiado tarde. 'Tom Terrific' [Excelente Tom] fue All-Star nueve veces con los Mets.

### JERRY KOOSMAN        Lanzador

• NACIÓ: 12/23/1942

• JUGÓ EN EL EQUIPO: ENTRE 1967 Y 1978

Jerry Koosman tenía una buena recta, una curva excelente y una '**cutter**' que rompió muchos bates. Fue la estrella en el montículo en la Serie Mundial de 1969, derrotando a los Orioles en el segundo y sexto partidos.

# KEITH HERNÁNDEZ                    Primera base

• NACIÓ: 10/20/1953  • JUGÓ EN EL EQUIPO: ENTRE 1983 Y 1989

Keith Hernández ha sido el mejor defensa en la historia del equipo. Ganó el **Guante de Oro** seis veces en siete temporadas con los Mets. Hernández también era uno de los bateadores más oportunos del deporte.

# DARRYL STRAWBERRY          Jardinero

• NACIÓ: 3/12/1962    • JUGÓ EN EL EQUIPO: ENTRE 1983 Y 1990

Darryl Strawberry fue el primer toletero desarrollado por los Mets. Era un atleta alto y con gracia que abanicaba con gran estilo. Strawberry fue All-Star en siete de sus ocho campañas con los Mets.

# DWIGHT GOODEN                    Lanzador

• NACIÓ: 11/16/1964  • JUGÓ EN EL EQUIPO: ENTRE 1984 Y 1994

Dwight Gooden tenía la mejor recta del béisbol y la curva más sorprendente a mediados de los 80s. Ponchó a 276 bateadores a los 19 años. A los 20, encabezó la N.L. en victorias, ponches, y en **promedio de carreras limpias (ERA)**.

# GARY CARTER                    Receptor

• NACIÓ: 4/8/1954    • JUGÓ EN EL EQUIPO: ENTRE 1985 Y 1989

Los Mets necesitaban un receptor experimentado para ayudar a sus lanzadores jóvenes en los 80s. En 1985 recibieron a Gary Carter en un cambio y un año después eran campeones.

**IZQUIERDA**: Jerry Koosman
**DERECHA ARRIBA**: Darryl Strawberry
**DERECHA ABAJO**: Gary Carter

# ESTRELLAS MODERNAS

## JOHN FRANCO — Lanzador

- NACIÓ: 9/17/1960    • JUGÓ EN EL EQUIPO: ENTRE 1990 Y 2004

El trabajo de John Franco era cerrarle la puerta a los rivales en la novena entrada y salvar los partidos. Hizo esto 276 veces con el equipo y encabezó la N.L. en **partidos salvados** dos veces con los Mets.

## MIKE PIAZZA — Receptor

- NACIÓ: 9/4/1968

- JUGÓ EN EL EQUIPO: ENTRE 1998 Y 2005

Mike Piazza es uno de los mejores receptores bateadores en la historia del béisbol. Cuando los Mets ganaron su liga en el 2000, era el receptor con mejor promedio de bateo, más jonrones y mejor porcentaje defensivo.

## TOM GLAVINE — Lanzador

- NACIÓ: 3/25/1966

- PRIMER AÑO CON EL EQUIPO: 2003

Tom Glavine derrotó a los Mets año tras año cuando lanzaba para sus rivales, los Braves de Atlanta. Cuando tuvieron la oportunidad de contratarlo en el 2003, lo hicieron.

## JOSÉ REYES — Campocorto

- NACIÓ: 6/11/1983
- PRIMER AÑO CON EL EQUIPO: 2003

Deesde el primer día en que José Reyes entró al campo, el Shea Stadium vibró de emoción. Su increíble velocidad, brazo potente y bateo despierto, lo convierten en uno de los mejores campocortos en la historia de los Mets.

## DAVID WRIGHT — Tercera base

- NACIÓ: 12/20/1982
- PRIMER AÑO CON EL EQUIPO: 2004

Los Mets llevaban años buscando una estrella en tercera base. Su búsqueda terminó con la llegada del potente bateador David Wright.

## PEDRO MARTÍNEZ — Lanzador

- NACIÓ: 10/25/1971
- PRIMER AÑO CON EL EQUIPO: 2005

Los Mets necesitaban un lanzador capaz de ganar partidos reñidos y de liderar al equipo. Le dieron el trabajo a Pedro Martínez, quien no tardó en convertirse en uno de los jugadores más admirados del equipo.

**IZQUIERDA ARRIBA**: Mike Piazza  **DERECHA ARRIBA**: José Reyes
**IZQUIERDA ABAJO**: Tom Glavine  **DERECHA ABAJO**: David Wright

# Fuera del campo

A los Mets siempre les ha gustado tener a 'locales' dirigiendo el equipo. Su primer dirigente, Casey Stengel, había jugado y dirigido en Nueva York desde 1912. Gil Hodges y Yogi Berra—cada uno de los cuales logró un banderín para los Mets—habían sido héroes del béisbol neoyorquino desde los 40s. Otros dirigentes de los Mets que crecieron o jugaron en Nueva York incluyen a Wes Westrum, Joe Torre, George Bamberger y Bobby Valentine.

Uno de los mejores dirigentes del equipo fue Davey Johnson, quien no era neoyorquino. Fue contratado en 1984 y, con él, los Mets siempre terminaron de primeros o segundos en la División del Este de la N.L. Johnson exigía el máximo esfuerzo de sus jugadores en el campo. Los equipos no podían tomárselo con calma contra los Mets cuando Johnson estaba al mando.

En 2004, los Mets contrataron otro héroe local, Willie Randolph. Randolph había sido un All-Star muchas veces con los Yankees. También había jugado con los Mets. Randolph ganó 11 banderines como entrenador y dirigente antes de llegar a los Mets y trajo consigo su *tradición* ganadora.

Willie Randolph ha jugado, entrenado y dirigido en Nueva York.

# Un gran día

El sexto partido de la Serie Mundial de 1986 será recordado como el día más asombroso en la historia de los Mets. Los Red Sox de Boston ganaban la serie tres partidos a dos. En la parte baja de la décima entrada los Mets perdían 5 a 3. A su campaña sólo le quedaban tres outs más.

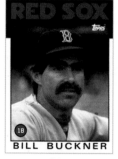

BILL BUCKNER

MOOKIE WILSON

Boston logró dos outs rápidamente y luego marcó dos strikes contra Gary Carter, el siguiente al bate. Los jugadores de los Red Sox parecían estar preparándose para salir de su dugout a celebrar su *inevitable* victoria. Pero Carter conectó un sencillo y las esperanzas de Nueva York siguieron con vida. Luego vino un sencillo de Kevin Mitchell. Seguía Ray Knight. Conectó un sencillo con dos strikes y Carter anotó. El partido estaba 5 a 4.

El lanzador relevista Bob Stanley entró al partido para lanzarle a Mookie Wilson. Tras lograr dos strikes, le puso demasiado efecto a un lanzamiento hacia adentro. Wilson saltó para no ser golpeado y la bola rodó hasta la cerca detrás de home. Mitchell anotó la carrera del empate y Knight alcanzó segunda.

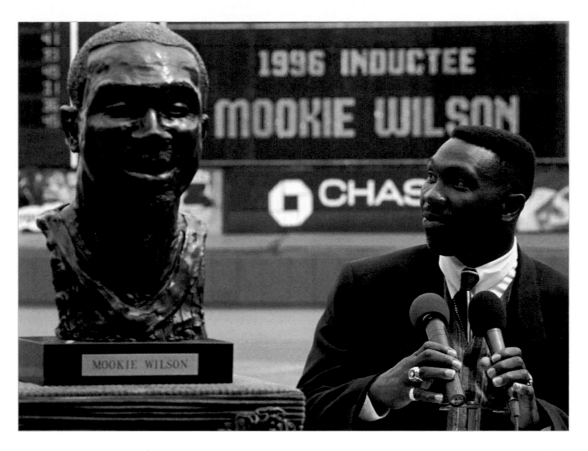

El siguiente tiro iba a ser un buen strike, en la parte baja de la zona. Wilson lo bateó y salió rebotando hacia Bill Buckner, el primera base. Preocupado de que el veloz Wilson lo superara camino a la base, Buckner volteó a mirar un instante; la bola se le escapó y rodó hacia el jardín. ¡Knight anotó corriendo desde segunda base y ganaron el partido! Luego los Mets derrotaron a Boston en el séptimo partido y ganaron el campeonato.

**ARRIBA**: Mookie Wilson es honrado en el Shea Stadium 10 años después de lograr su famoso hit contra los Red Sox.    **IZQUIERDA**: Cuando Bill Buckner y Mookie Wilson posaron para sus tarjetas de 1986 no sabían que un día compartirían un momento histórico del béisbol.

27

# Dice la leyenda

## ¿Quién corrió las bases de espaldas para los Mets?

DICE LA LEYENDA que fue Jimmy Piersall. En 1963, Piersall se unió a los Mets con 99 jonrones en su carrera, decidido a que el centésimo fuera memorable. Tras enviar la bola sobre la cerca contra los Phillies de Filadelfia, Piersall se dio la vuelta y corrió de espaldas. Tras superar la tercera, se tiró de espaldas hacia el plato de home.

## ¿Cómo aprendió John Franco a lanzar bajo presión?

DICE LA LEYENDA que jugando Wiffle Ball [una versión de béisbol con bate y pelota de plástico]. Franco y su hermano mayor jugaban uno a uno todo el verano. Su hermano lo dejaba adelantarse y luego se recuperaba para derrotarlo en la última entrada. Tras años de frustrantes derrotas, Franco finalmente aprendió a 'cerrar' los partidos contra su hermano. Años después usaba los mismos trucos para cerrar los partidos en las mayores.

# ¿Qué causó la demora más extraña en la historia del equipo?

DICE LA LEYENDA que fue culpa de un computador. Los Mets han debido interrumpir partidos por diversas razones, incluyendo un gato negro corriendo por el campo, un pájaro golpeado por una bola bateada, aficionados saltando de las tribunas y el *apagón* de 1977. Pero nada fue más extraño de lo sucedido en la primera entrada de un partido del 2005 contra los Diamondbacks de Arizona. Pedro Martínez estaba en el montículo cuando de repente el sistema de rociadores del Shea Stadium se *activó*. Todos salieron corriendo del campo menos Martínez, quien pensó que era la cosa más cómica que había visto.

**IZQUIERDA**: Jimmy Piersall se alista a lanzarse a home, de espaldas. Fue el único jonrón que hizo con los Mets. Piersall fue cambiado poco después.
**DERECHA**: Pedro Martínez no puede hacer más que reír cuando los rociadores se prendieron en un juego contra los Diamondbacks.

# Sucedió en realidad

Nunca puedes dar a los Mets por vencidos. Lo han demostrado una y otra vez en su historia. En el verano de 1973, todos pensaban que su campaña había terminado. El 17 de agosto, los Mets estaban de últimos en la División del Este de la N.L. Cinco de sus mejores jugadores—Bud Harrelson, Jerry Grote, Cleon Jones, John Milner y Willie Mays—habían estado lesionados la mayor parte de la campaña.

Pero cuando regresaron a la **alineación**, los Mets comenzaron a ganar. Poco a poco comenzaron a superar los equipos que tenían al frente. ¿Podrían hacer lo imposible? Tug McGraw, el lanzador relevista del equipo, decía "Tienes que creer". Pronto había letreros y botones que decían 'TIENES QUE CREER' en toda la ciudad.

El 27 de septiembre, los fanáticos de Nueva York despertaron con su equipo en primer lugar. El 1ro de octubre, Jon Matlack lanzó un partido en donde los Cubs de Chicago sólo lograron dos hits, y los Mets ganaron el título de la División del Este de la N.L. Terminaron con 82 victorias, una más que los Cardinals de San Luis, que terminaron de segundos. Luego vencieron a los Reds de Cincinnati en los playoffs y ganaron el banderín. ¡En pocas semanas Nueva York había pasado de ser el peor equipo a ser el mejor!

Willie Mays, en su último año como jugador, disfruta la sorprendente victoria de su equipo.

# Espíritu de equipo

Los 'Sorprendentes Mets' siempre han sido conocidos por sus sorprendentes fanáticos. Cuando el equipo perdía 100 partidos al año en los 60s, a menudo tenía más espectadores que el otro equipo de Nueva York, los Yankees. ¡Esto enfurecía a los Yankees! En esa época comenzaron muchas grandes tradiciones. Entre ellas, días en los que los aficionados pueden correr entre las bases y días con competencias para las mejores *pancartas* de los aficionados.

Los Mets tal vez sean el único equipo con el mismo cántico por más de 40 años. Desde su primera campaña en 1962 los fanáticos han cantado "Let's Go Mets!" [¡Vamos Mets!] en cada partido.

También en cada partido desde 1962 aparece Mr. Met. La mascota del equipo tiene una amplia sonrisa y una cabeza gigante en forma de pelota de béisbol. Camina entre los aficionados, da la mano, anima los cánticos y a veces baila frente al dugout.

No necesitas ser un niño para querer a Mr. Met. Ha estado en partidos de los Mets desde que los aficionados en la foto eran pequeños.

# Cronología

Jon
Matlack

**1962**
Los Mets juegan su primera campaña y pierden un récord de 120 juegos.

**1967**
Tom Seaver es nombrado **Novato del Año** en la N.L.

**1972**
Jon Matlack es nombrado Novato del Año en la N.L.

**1964**
Ron Hunt es el primer Met titular en un Juego de Estrellas.

**1969**
Los Mets derrotan a los Orioles de Baltimore en la Serie Mundial.

Ron Hunt

Tom Seaver, quien ganó 25 partidos para los Mets en 1969.

Yogi
Berra

**2000**
Los Mets ganan su
cuarto banderín y
enfrentan a los Yankees
en una 'Serie de
Subterráneo'.

**1973**
Bajo la dirección de
Yogi Berra, los Mets
logran el título de su liga.

**1986**
Los Mets derrotan a los
Red Sox de Boston y ganan
su segunda Serie Mundial.

**1984**
Dwight Gooden es nombrado
Novato del Año en la N.L.

**1991**
David Cone
encabeza la N.L.
en ponches por
segundo año
seguido.

**2005**
José Reyes encabeza la
N.L. con 60 bases robadas.

David
Cone

José
Reyes

# Hechos curiosos

### ¡SIMIO GRANDULÓN!

El bateador más potente en la historia de los Mets fue Dave Kingman. Logró varios jonrones de 500 pies y era capaz de sacar la pelota del estadio bateando con una sola mano. El apodo de Kingman era 'Kong'.

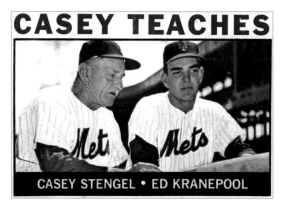

CASEY TEACHES

CASEY STENGEL • ED KRANEPOOL

### EL GRADUADO

En 1962, Ed Kranepool, de 17 años, se graduó de secundaria en Nueva York y unas semanas después jugaba como primera base de los Mets.

### HORAS EXTRAS

En abril de 1968, los Mets perdieron contra los Astros de Houston 1 a 0 en un partido que duró seis horas y seis minutos. La única carrera fue por error del campocorto de Nueva York, Al Weis, en la entrada 24.

### TIPO FILUDO

El jardinero central de los Mets Lenny Dykstra era tan rudo e *intenso* que sus compañeros le decían 'uñas'.

## REGALOS DEL PACÍFICO

Los Mets han tenido buena fortuna con jugadores nacidos en Hawai, Japón y Corea. Entre los más exitosos están Sid Fernández, Ron Darling, Benny Agbayani, Jae Weong Seo, Dae-Sung Koo, Hideo Nomo, Kazuhisa Ishii, Shingo Takatsu, Kazuo Matsui, Masato Yoshii y Tsuyoshi Shinjo.

## UN TIPO CON GUSTO

El jardinero Rusty Staub era el mejor bateador de los Mets de 1973—y el mejor cocinero. Staub había estudiado para ser chef y tenía su propio restaurante.

## SIN LUCES

El 25 de julio de 1977, miles de aficionados en Shea Stadium se quedaron a oscuras cuando Nueva York sufrió un apagón. Para ayudar a los aficionados a encontrar el camino, los jugadores entraron sus vehículos al campo e iluminaron las galerías con sus luces.

**ARRIBA**: Rusty Staub    **IZQUIERDA**: El veterano Casey Stengel le aconseja al adolescente Ed Kranepool cómo batear.

# Palabras de béisbol

"El béisbol es un deporte del alma".
  —*Pedro Martínez, acerca de la diferencia entre el béisbol y otros deportes*

"Voy a dejar de decir 'lo he visto todo'.
Porque cada vez que lo digo, pasa algo loco".
  —*Willie Randolph, sobre lo impredecible que es el béisbol*

**DERECHA ARRIBA**: Cliff Floyd    **DERECHA ABAJO**: David Wright
**ARRIBA**: Omar Minaya y Willie Randolph posan con el lanzador Pedro Martínez.

"Siempre soñé con jugar en Nueva York. Por fin, ese sueño se ha hecho realidad".
*—Cliff Floyd, sobre por qué firmó con los Mets*

"Si no crees que el béisbol es importante, no juegues. Pero si lo haces, hazlo bien".
*—Tom Seaver, sobre la importancia de aprender los fundamentos*

"Me encanta ser un Met. Era mi equipo favorito de niño, así que, para mí, ser un Met es algo especial".
*—David Wright, sobre hacer realidad un sueño de infancia*

"¡¿No hay nadie acá que sepa jugar?!"
*—Casey Stengel, sobre los frustrantes Mets de 1962*

# Para la historia

**L**os grandes equipos y jugadores de los Mets han dejado sus huellas en los libros de récords. Estos son los 'mejores de los mejores'.

Donn Clendenon | 1ST BASE

DARRYL STRAWBERRY OF

## LOS PREMIADOS DE LOS METS

| GANADOR | PREMIO | AÑO |
| --- | --- | --- |
| Tom Seaver | Novato del año | 1967 |
| Tom Seaver | Premio Cy Young* | 1969 |
| Donn Clendenon | Jugador más valioso de la Serie Mundial | 1969 |
| Jon Matlack | Novato del año | 1972 |
| Tom Seaver | Premio Cy Young | 1973 |
| Tom Seaver | Premio Cy Young | 1975 |
| Darryl Strawberry | Novato del año | 1983 |
| Dwight Gooden | Novato del año | 1984 |
| Dwight Gooden | Premio Cy Young | 1985 |
| Ray Knight | Jugador más valioso de la Serie Mundial | 1986 |
| John Franco | Relevista del año | 1990 |
| Armando Benítez | Relevista del año | 2001 |

*El Premio Cy Young se otorga anualmente al mejor lanzador de la liga.*

**ARRIBA**: Donn Clendenon y Darryl Strawberry
**DERECHA**: Foto de recuerdo de los Mets de 1969.

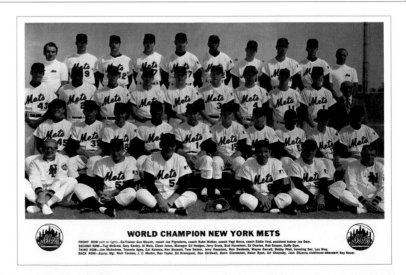

**WORLD CHAMPION NEW YORK METS**

FRONT ROW (left to right)—Ex-Trainer Gus Mauch, coach Joe Pignatano, coach Rube Walker, coach Yogi Berra, Manager Gil Hodges, Jerry Grote, Bud Harrelson, Ed Charles, Rod Gaspar, Duffy Dyer.
SECOND ROW—Tug McGraw, Tommie Agee, Cal Koonce, Ken Boswell, Tom Seaver, Jerry Koosman, Ron Swoboda, Wayne Garrett, Bobby Pfeil, traveling Sec. Lou Niss.
THIRD ROW—Jim McAndrew, assistant trainer Joe Deer.
BACK ROW—Equip. Mgr. Nick Torman, J. C. Martin, Ron Taylor, Ed Kranepool, Don Cardwell, Donn Clendenon, Nolan Ryan, Art Shamsky, Jack DiLauro, clubhouse attendant Roy Neuer.

# LOGROS DE LOS METS

| LOGRO | AÑO |
| --- | --- |
| Campeones de la División del Este de la N.L. | 1969 |
| Campeones de la N.L. | 1969 |
| Campeones de la Serie Mundial | 1969 |
| Campeones de la División del Este de la N.L. | 1973 |
| Campeones de la N.L. | 1973 |
| Campeones de la División del Este de la N.L. | 1986 |
| Campeones de la N.L. | 1986 |
| Campeones de la Serie Mundial | 1986 |
| Campeones de la División del Este de la N.L. | 1988 |
| Campeones de la N.L. | 2000 |
| Campeones de la División del Este de la N.L. | 2006 |

Ray Knight y Gary Carter celebran la victoria de 1986.

**ARRIBA**:La celebración comienza tras el último out de la Serie Mundial de 1969. **IZQUIERDA**: John Franco saluda a los aficionados tras ganar el banderín en 2000.

41

# Rastros

La historia de un equipo de béisbol está compuesta de muchas historias pequeñas que tienen lugar en todo el mapa—no sólo en la ciudad del equipo. Relaciona las señales en el mapa con los hechos del equipo y podrás tener una buena idea de la historia de los Mets.

# HECHOS DEL EQUIPO

**1** Flushing, Nueva York—*Sede de los Mets.*

**2** Fresno, California—*Lugar donde nació Tom Seaver.*

**3** Tampa, Florida—*Lugar donde nació Dwight Gooden.*

**4** Norfolk, Virginia—*Lugar donde nació David Wright.*

**5** Pendleton, Oregon—*Lugar donde nació Dave Kingman.*

**6** Concord, Massachusetts—*Lugar donde nació Tom Glavine.*

**7** Appleton, Minnesota—*Lugar donde nació Jerry Koosman.*

**8** Norristown, Pennsylvania—*Lugar donde nació Mike Piazza.*

**9** Honolulu, Hawai—*Lugar donde nació Sid Fernández.*

**10** Fukuoka, Japón—*Lugar donde nació Tsuyoshi Shinjo.*

**11** Manatí, Puerto Rico—*Lugar donde nació Carlos Beltrán.*

**12** Villa González, República Dominicana—
*Lugar donde nació José Reyes.*

Tsuyoshi Shinjo

43

# Play Ball

El béisbol es un deporte jugado por dos equipos a lo largo de nueve entradas. En cada una de ellas, los equipos tienen un turno al bate y otro en el campo. El turno al bate termina cuando el equipo llega a tres outs. Los bateadores en el equipo que batea tratan de llegar a base. Los jugadores de campo en el equipo contrario tratan de evitar que lo logren.

En béisbol, el lanzador controla la bola. El lanzador debe tirar la bola al bateador que decide si abanicar o no cada lanzamiento. Si abanica y no le pega a la bola, se llama strike. Si deja pasar un buen lanzamiento y no le pega, también es strike. Si el bateador le pega, pero la bola no queda en el territorio demarcado (entre las líneas en forma de 'v' que se unen en el plato de home), se llama 'foul' y cuenta como strike. Si el lanzador tira tres strikes, el bateador queda out. Si tira cuatro bolas malas antes de eso, el bateador avanza a primera base. Esto se conoce como 'base por bola'.

Cuando el bateador abanica y le pega a la bola, la actividad comienza. Si uno de los jugadores en el campo atrapa la bola antes de que toque el piso, el bateador queda out, o también si la atrapa después de rebotar y la manda a primera base antes de que llegue el bateador. Si el bateador llega a primera, se le cuenta como hit. Y los hits tienen varios nombres: si alcanza primera con su batazo se llama sencillo; si llega a segunda se llama doble; a tercera, triple, y un batazo de cuatro bases se llama jonrón.

Los corredores en base sólo están a salvo mientras toquen las bases. Si los atrapan entre bases, los jugadores contrarios pueden tocarlos con la bola para lograr un out. Un bateador que recorra todas las bases y vuelva al plato de home antes de que sus rivales hayan marcado tres outs, consigue una carrera. El equipo con más carreras después de nueve entradas gana.

Cualquiera que haya jugado béisbol (o softball) sabe que es un deporte complejo. Cada jugador tiene una tarea que hacer y cada uno tiene sus fortalezas y debilidades. Los lanzadores, bateadores y dirigentes toman cientos de decisiones en cada partido. Mientras más juegues y veas béisbol, más cosas podrás notar. La próxima vez que estés en un partido, ponle atención a estas jugadas:

## LISTA DE JUGADAS

**DOBLE JUGADA**—Una jugada en la que el equipo en el campo logra hacer dos outs en un solo batazo. Por lo general sucede cuando hay un corredor en primera y el bateador le pega rastrero y hacia uno de los jugadores de cuadro. El corredor es sacado en segunda y la bola es lanzada a la primera base antes de que llegue el bateador.

**BATEO Y CORRIDO**—Jugada en la que el corredor en primera base corre a segunda en el momento mismo en que el lanzador comienza a lanzar. Cuando el segunda base o campocorto van hacia la base a esperar el tiro del receptor, el bateador trata de batear hacia el hueco dejado atrás. Si el bateador abanica y no le pega, los jugadores contrarios pueden sacar al corredor tocándolo con la bola.

**BASE INTENCIONAL**—Jugada en la que el lanzador hace cuatro lanzamientos malos a propósito, dándole la base por bola al bateador. Esto sucede cuando el lanzador prefiere enfrentar al bateador que le sigue y está dispuesto a tomar el riesgo de tener un corredor en base.

**TOQUE DE SACRIFICIO**—Jugada en la que el bateador hace un out a propósito para que uno de sus compañeros pueda avanzar a la siguiente base. Con un 'toque' el bateador trata de frenar la bola, en vez de abanicarla.

**ATRAPADA DE ZAPATO**—Una jugada en la que un jardinero atrapa un hit corto a una o dos pulgadas del piso, cerca a la parte alta de sus zapatos. No es fácil correr tan rápido como puedas y bajar tu guante sin disminuir de velocidad. Además, puede ser arriesgado. Si un jardinero se equivoca en una atrapada de zapato, la bola puede seguir rodando hasta la cerca.

# Glosario

## TÉRMINOS DEL BÉISBOL QUE DEBERÍAS SABER

**ALINEACIÓN**—Lista de jugadores activos en un partido.

**ALL-STARS**—Jugador elegido para participar en el Juego de Estrellas de béisbol.

**BANDERÍN**—Campeonato de una liga. El término se originó con la bandera triangular que se otorga a cada campeón de la temporada, desde la década de 1870.

**CUERPO DE LANZADORES**—Grupo de jugadores que lanza para el equipo.

**CUTTER**—Recta que se curva ligeramente al acercarse a la base.

**DIVISIÓN DEL ESTE DE LA N.L.**—Grupo de equipos de la Liga Nacional que juegan al este del país.

**GUANTE DE ORO**—Premio anual a los mejores jugadores defensivos del béisbol.

**LIGA AMERICANA (A.L.)**—Una de las dos grandes ligas. La A.L. comenzó en 1901.

**LIGA NACIONAL (N.L.)**—La más antigua de las ligas mayores. La Nacional comenzó en 1876.

**NOVATO DEL AÑO**—Premio anual para los mejores jugadores de primer año de cada liga.

**OFENSIVA**—Jugadores que ayudan a un equipo a anotar carreras.

**PARTIDOS SALVADOS**—Estadística para los lanzadores relevistas, cuando logran el out final y ganan un partido reñido.

**PROMEDIO DE CARRERAS LIMPIAS (ERA)**—Estadística que mide cuántas carreras permite un lanzador por cada nueve entradas lanzadas.

**SERIE DE CAMPEONATO DE LA LIGA NACIONAL (NLCS)**—Competencia que decide el ganador del banderín de la Liga Nacional desde 1969.

**SERIE DE SUBTERRÁNEO**—Encuentro entre dos equipos con estadios conectados por el subterráneo.

**SERIE MUNDIAL**—Serie de campeonato jugada entre los ganadores de la Liga Nacional y la Liga Americana.

**VETERANOS**—Jugadores con mucha experiencia.

# OTRAS PALABRAS QUE DEBERÍAS CONOCER

**APAGÓN**—Corte de fluido eléctrico que hace que las luces se apaguen.

**ARQUITECTURA**—Un estilo de construcción.

**COLORIDO**—Vivaz e interesante.

**DESARROLLAR**—Hacer efectivo el potencial de alguien o algo.

**DISTRITO**—Una de las cinco divisiones administrativas que componen la ciudad de Nueva York.

**EVAPORAR**—Convertir un líquido en vapor.

**FRANELA**—Tela suave de lana o algodón.

**GERENTE GENERAL**—Persona responsable de todas las partes de una compañía.

**INEVITABLE**—Que va a suceder sin que nadie pueda hacer nada.

**INTENSO**—Muy fuerte o profundo.

**LOGO**—Símbolo o diseño que representa a una compañía o a un equipo.

**PANCARTA**—Bandera con palabras e imágenes.

**RIVALIDAD**—Competencia de emociones extremas.

**SINTÉTICO**—Algo hecho en un laboratorio, inexistente en la naturaleza.

**SOBRESALIENTE**—Que se hace notar, diferente de forma positiva.

**TRADICIÓN**—Creencia o costumbre que pasa de generación en generación.

# Lugares para visitar

## EN LOS ESTADOS UNIDOS

**SHEA STADIUM**
123-01 Roosevelt Avenue
Flushing, Nueva York   11368
(718) 507-6387

**MUSEO Y SALÓN DE LA FAMA DEL BÉISBOL**
25 Main Street
Cooperstown, Nueva York   13326
(888) 425-5633
www.baseballhalloffame.org

## EN INTERNET

**LOS METS DE NUEVA YORK**
• *para saber más sobre los Mets*

www.losMets.com

**LIGAS MAYORES DEL BÉISBOL**
• *para saber sobre los equipos en las mayores*

www.espanol.mlb.co.com

**LIGAS MENORES DEL BÉISBOL**
• *para saber sobre las ligas menores*

www.minorleaguebaseball.com

## EN LOS ESTANTES

Para aprender más sobre el deporte del béisbol, busca los siguientes libros en tu biblioteca o librería:

- Perea Rosero, Tucídides. *Béisbol.* Santa Fé de Bogotá: Editorial Panamericana, 1993.
- Suen, Anastasia. *La historia del béisbol.* Rosen Publishing Group, 2003.
- Núñez B., Bernardo. *Grandes momentos de las ligas mayores en el siglo XX.* Jefferson, NC: McFarland & Company, 2004.

47

# Índice

## El equipo

**MARK STEWART** ha escrito más de 25 libros sobre béisbol y más de 100 libros deportivos para niños.

Creció en Nueva York en los años 60, apoyando a los Yankees y los Mets, y ahora lleva a sus dos hijas, Mariah y Rachel, a los mismos estadios. Mark viene de una familia de escritores. Su abuelo era editor dominical del *New York Times* y su madre era editora de artículos de *Ladies Home Journal* y *McCall's*. Mark ha hecho cientos de perfiles de atletas en los últimos 20 años. También ha escrito varios libros sobre Nueva York y Nueva Jersey, donde reside ahora. Mark se graduó de la Universidad de Duke, con un título en historia. Vive con sus hijas y su esposa, Sarah, en Sandy Hook, NJ.

**JAMES L. GATES, JR.** Ha sido el director de la biblioteca del Salón de la Fama del Béisbol Nacional desde 1995. Antes había trabajado en bibliotecas académicas durante casi 15 años. Tiene títulos de Belmont Abbey College, la Universidad de Notre Dame y la Universidad de Indiana. Durante su

carrera, Jim ha escrito varios artículos académicos y ha sido editor de varios libros, revistas y publicaciones de museos, y actualmente es el anfitrión del simposio anual de Cooperstown sobre béisbol y cultura estadounidense. Es un fanático ardiente de los Orioles de Baltimore y disfruta de ver béisbol con su esposa y sus dos hijos.

**MANUEL KALMANOVITZ** nació en Bogotá, donde creció viendo fútbol y apoyando el Santa Fé, un ilustre equipo perdedor. De vacaciones a veces iba a Barranquilla, a visitar la familia paterna, y ahí vio por primera vez un partido de béisbol que lo emocionó aunque no pudo entenderlo

del todo. Ha traducido varios libros con Mark Stewart y también ha hecho traducciones para los programas deportivos de la cadena HBO. Vive en Nueva York desde 2001.